Inspiración

Himnario Volumen 1

MINISTERIOS
LLAMADA FINAL

IGLESIA DE CRISTO
MINISTERIOS LLAMADA FINAL
Pastor General: Otto René Azurdia
P.O Box 3661 Huntington Park C.A. 90255
Tel. (213) 971-2206 • Fax. (213) 971-4628

"INSPIRACION" HIMNARIO Edición I
Material de alabanza
Publicado y Distribuido por
Alabanzas Llamada Final
Inglewood, CA U.S.A.
Primera edición 1997

ISBN 0-9652224-1-1

Todos lo derechos son reservados.
Prohibida la reproducción total o parcial de este libro,
sin la debida autorización correspondiente. Este material
no autoriza bajo ninguna norma derechos de grabación
o ningún propósito comercial.

Copyright ©1997 by Alabanzas Llamada Final Inc.,

Printed in the United States of America.
All rights reserved under International Copyright Law.
Contents may not be reproduced or recorded in whole or
in part in any form or by any electronic or mechanical means
without the express written consent of the Publisher.

INTRODUCCION

Inspiración Himnario, es una aportación del departamento de alabanza de la Iglesia de Cristo Ministerios Llamada Final, a todo el pueblo cristiano, deseoso de ministrarle al Dios de toda la gloria una ofrenda de alabanza y adoración, digna de su Santo nombre.

Creemos que este himnario será de mucha bendición para tu vida espiritual, ya que cada uno de los cantos que aquí presentamos, se encuentran reproducidos en videos, Cds y audio cassettes, enriqueciendo aun mas, el contenido de este himnario.

Al mismo tiempo te hacemos una invitación personal, a alabar y bendecir juntamente con nosotros al Dios de toda la gloria, con estos cantos inspirados por el Espíritu Santo.

Deseamos con todo nuestro corazón, que la gracia de nuestro Señor Jesucristo y la unción del Espíritu Santo, sean sobre cada uno de aquellos que deseen ministrar delante de su gloriosa presencia, por medio de estas alabanzas en su lugar Santísimo.

A El sea toda la gloria, la alabanza y la adoración; por los siglos de los siglos, Amen.

Por siempre cantaré de las misericordias del Señor.

Tony Perez

Director de Alabanza
Ministerios Llamada Final

Inspiración Himnario Vol 1

INDICE

USO DE LAS NOTAS MUSICALES 9

NOMBRE DEL CANTO	PAG #	NOTA

CUAN PRECIOSAS .... 14 C

EL GOZO DE MI VIDA ERES TU .... 16 .... Cm
GOZATE DELANTE DEL SEÑOR .... 18 .... Cm
HARE UN ALTAR PARA TI .... 20 .... Cm
JEHOVA ES PODEROSO GUERRERO .... 22 .... Cm
MI CORAZON ESTA DISPUESTO .... 24 .... Cm
TENEMOS EL PODER DE DIOS .... 26 .... Cm

EL ME LEVANTARA .... 28 .... D
EN EL NOMBRE DE JESUS .... 30 .... D
LEVANTO MIS MANOS .... 32 .... D
SOLO A TI SEÑOR .... 34 .... D
TU ERES MI ESCUDO .... 36 .... D

AL ENTRAR EN TU PRESENCIA .... 38 .... E
ALABADO SEA .... 40 .... E
ALABARE A MI SEÑOR .... 42 .... E
AMEN AMEN AMEN .... 44 .... E
CERCA DE MI .... 46 .... E
DE TU MISERICORDIA .... 48 .... E
EL ESPIRITU DE DIOS ESTA EN ESTE LUGAR .... 50 .... E
ENSEÑAME OH JEHOVA TUS CAMINOS .... 52 .... E
ESTOY AQUI .... 54 .... E
HAY OCASIONES .... 56 .... E
HOY QUIERO HACER .... 58 .... E
NO HAY OTRO DIOS COMO TU .... 60 .... E
PODEROSO ES EL SEÑOR .... 62 .... E
PORQUE TU ERES MI ROCA .... 64 .... E
SOPLA CRISTO SOPLA .... 66 .... E
TE ADORARE SEÑOR .... 68 .... E
TUS ENEMIGOS DIRAN .... 70 .... E

Inspiración Himnario Vol 1

NOMBRE DEL CANTO   PAG #   NOTA

NOMBRE DEL CANTO	PAG #	NOTA
AVANZA PUEBLO	72	Em
CANTAD ALEGRES A DIOS	74	Em
CANTARE A JEHOVA	76	Em
GRITA, CANTA	78	Em
LE EXALTARE	80	Em
UN SACERDOCIO SANTO	82	F
PODEROSO DE ISRAEL	84	Fm
ADORARE A MI SEÑOR	86	G
EL ROMPIO MIS CADENAS	88	G
ERES DIGNO	90	G
ESTOY EN TU PRESENCIA	92	G
HOY PUEDO DECIR	94	G
MARAVILLOSO DIOS	96	G
SOLO A TI	98	G
UN NUEVO CANTO	100	G
ERES EL SEÑOR	102	A
HAZME BRILLAR SEÑOR	104	A
TU	106	A
ALELUYA	110	Am
CANTAD A JEHOVA CANTICO NUEVO	112	Am
DAVID DAVID DANZABA	114	Am
ENVISTEME DE PODER	116	Am
GRANDE ES JEHOVA	118	Am
GRITA OH ISRAEL	120	Am
JOEL 2:16-19	122	Am
MI CORAZON SE REGOCIJA EN EL SEÑOR	124	Am
PODEROSO GRAN GUERRERO	126	Am
TU ERES EL ALFA Y LA OMEGA	128	Am
EL SEÑOR ES MI REY	130	Bm
TRIBUTAD A JEHOVA	132	Bm

7

USO DE LAS NOTAS MUSICALES

En cada uno de los cántico escritos a continuación veremos que hay un cifrado con las letras A, B, C, D, F, G.

Esta manera de cifrado utilizado en el lenguaje de ingles, nos facilitara la aplicación en los cánticos siguientes:

Para la nota .. (Do) se aplicaría la letra ..." C "
...................(Re)......................................" D "
...................(Mi)....................................." E "
...................(Fa)....................................." F "
.... (Sol)..................................." G "
...................(La)....................................." A "
.... (Si)....................................." B "

* Cuando se encuentran las notas C/D; La nota al lado derecho (D = Re) corresponde al acompañamiento del bajo.

* Para las notas Mayores se aplicara las letras (ma) minúsculas. Ejemplo: Ema = Mi Mayor y así con las demás notas.

* Para las notas Menores se aplicara la letra (m) minúscula. Ejemplo: Em = Mi Menor

* Para las notas Bemoles se aplicara el signo (b). Ejemplo: Eb = Mi Bemol

* Para los Sostenidos se aplicara el signo (#). Ejemplo: E# = Mi Sostenido

CANTOS DE INSPIRACION

- Para los Suspendidos se aplicaran las letras (sus).
Ejemplo: Esus = Mi Suspendido

- Para Aumentada se aplicara el signo ($^+$).
Ejemplo: E$^+$= Mi Aumentada (E • G# • B#)

- Para Disminuir se aplicara el signo (°)
Ejemplo: E°=Mi Disminuido (E • G# • Bb)

- Para las Séptimas se aplicara en numero (7).
Hay dos tipos de séptimas.
Séptimas Dominantes.
Ejemplo: E7 (E • G# • B • D).
Séptimas Mayores.
Ejemplo: Ema7 (E • G# • B • D#)

- Los acordes de E2 = Mi con Segunda son arreglos musicales que hace que la música se adorne. E2 se compone de las notas: E • F# • B pero también se puede tocar: E • F# • G# • B con forme el gusto del músico para tocar. De igual manera E9 = Mi con Novena. (E • G# • B • D • F#)

A medida que vayamos aprendiendo los cánticos, nos iremos familiarizando con el sistema de cifrados y diagramas.

10

USO DE LAS NOTAS MUSICALES

A continuación presentamos las teclas del piano y veamos cada una por su nombre.

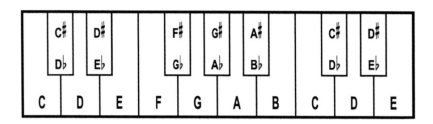

Necesitamos también numerar los dedos de nuestras manos para luego proceder a colocarlos en su correcta posición, dependiendo del canto que deseamos entonar. Esta enumeración no es la misma que la de la guitarra, varía y es por eso que debemos aprender a identificar nuestros dedos de acuerdo al instrumento que se toque.

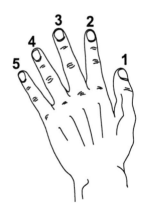
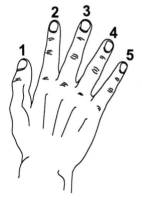

Inspiración Himnario Vol 1
CANTOS DE INSPIRACION

Identifiquemos ahora en una forma clara y practica el diapasón de una guitarra.

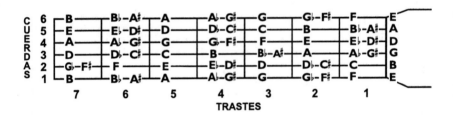

En seguida presentamos el bosquejo de una mano, en donde vemos que cada dedo tiene un numero especifico; esto nos indica que dedo es el que debemos usar para presionar correctamente cada cuerda, y así obtener el acorde que nos sugiere cada cifrado en un forma correcta.

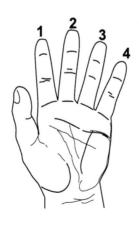

USO DE LAS NOTAS MUSICALES

Veamos de una manera sencilla, el diagrama del diapasón de un bajo.

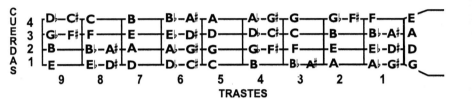

Nota: Observe con mucha atención las especificaciones que están escritas en la figura del diapasón, para que puedas obtener una mayor compresión de como aplicar cada nota.

CUAN PRECIOSAS

C = Do   Julio Lara (San Diego, C.A.)

```
          C              Em
      Señor,  hasta los cielos,
            Dm        G
      llega tu,   misericordia.
          C              Em
      Señor, hasta los cielos,
            Dm        G

      llega tu, misericordia;
```

Coro

```
        Fma7              Em7
   cuan preciosas, oh oh oh Dios,
        Dm  G        C              C7
   son tus,   misericordias;
        Fma7              Em7
   cuan preciosas, oh oh oh Dios,
        Dm  G        C
   son tus,   misericordias.
```

© 1993 Derechos reservados. Alabanzas Llamada Final
Inspiración Vol. II

Inspiración Himnario Vol 1

CUAN PRECIOSAS

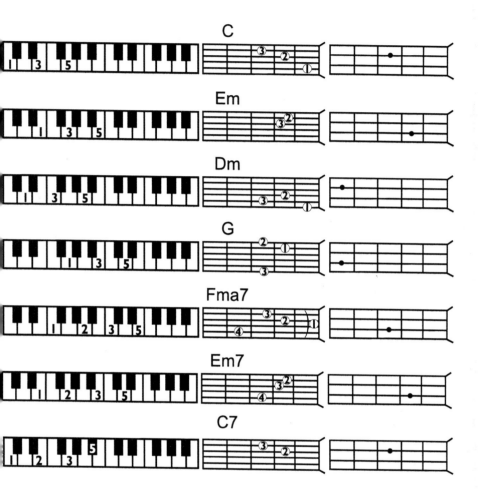

Inspiración Himnario Vol 1

EL GOZO DE MI VIDA ERES TU

Cm = Do menor   Heber Pérez (Inglewood, C.A.)

Cm   Bb
El gozo de mi vida eres tú Señor,
Cm   Bb
el gozo de mi vida eres tú Señor,
Cm   Bb
yo canto aleluya, porque eres mi Rey;
Cm   Bb
yo canto aleluya, porque eres mi Dios.

© *1991 Derechos reservados. Alabanzas Llamada Final*
Inspiración Vol. I

Inspiración Himnario Vol 1

EL GOZO DE MI VIDA ERES TU

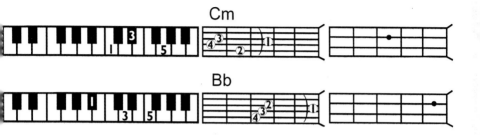

GOZATE DELANTE DEL SEÑOR

Cm = Do menor   Baudelio Cervantes (Monrovia, C.A.)

Cm
Gózate delante del Señor,
            Bb   Cm
porque él es, tu Rey.

Cm
Gózate delante del Señor,
            Bb   Cm
porque él es, tu Rey;

Coro
Cm   Eb   Fm   Ab   Cm
él es, él es, él es, él es tu Rey

Cm
// Gózate delante del Señor,
            Bb   Cm
porque él es, tu Roca //

(Coro)
Cm
// Gózate delante del Señor,
            Bm   Cm
porque él es, tu Escudo //

© *1991 Derechos reservados. Alabanzas Llamada Final*
Inspiración Vol. I

Inspiración Himnario Vol 1

GOZATE DELANTE DEL SEÑOR

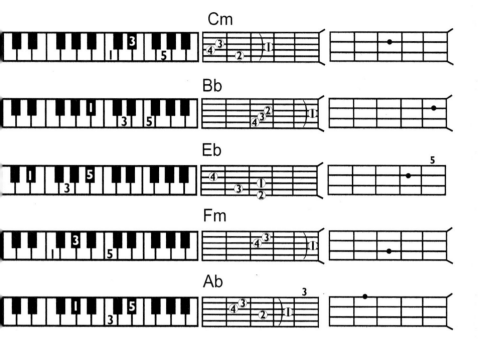

19

Inspiración Himnario Vol 1

HARE UN ALTAR PARA TI

Cm = Do menor   Tony Pérez (Inglewood, C.A.)

Cm
// Haré un altar para ti, (para ti para ti);
Fm   Cm

con sacrificio de alabanza;
Fm   Cm   G   Cm
con júbilo y danza, y cantaré... a Jehová //
Coro
Fm   Bb   Eb   Cm

// Que descienda el fuego,   que descienda el fuego,
Fm   G   Cm
que descienda el fuego de Dios //
Dm
Cambio a la nota de "D"// Haré un altar para ti;

Gm   Dm
con sacrificio de alabanza,
Gm   Dm   A   Dm
con júbilo y danza y cantaré... a Jehová //
Gm   C   F   Dm
// Que descienda el fuego,   que descienda el fuego,
Gm   A   Dm
que descienda el fuego   de Dios //

© *1991 Derechos reservados. Alabanzas Llamada Final*
Inspiración Vol. I

Inspiración Himnario Vol 1

HARE UN ALTAR PARA TI

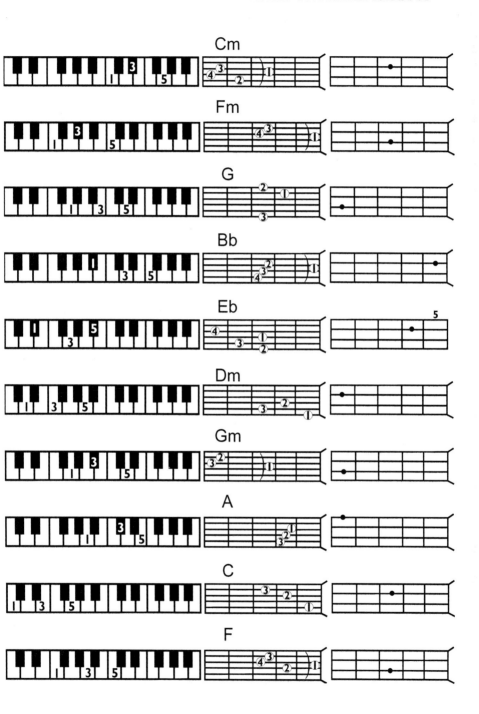

JEHOVA ES PODEROSO GUERRERO

Cm = Do menor   Tony Pérez (Inglewood, C.A.)

Cm
// Jehová es poderoso guerrero,

Ab   Bb Cm
su victoria conmigo esta.
Cm
Jehová es poderoso en batalla,
Ab   Bb   Cm
su poder la victoria me da //

Coro
Ab   Bb
Victoria aquí, victoria allá,
Gm   Cm
su victoria conmigo está;

Ab   Bb
victoria en ti, victoria en mí;
Gsus   G
poderoso guerrero es Jehová.
Cm   Ab Bb Cm
Jehová es poderoso guerrero. (Final)

© *1993 Derechos reservados. Alabanzas Llamada Final*
Inspiración Vol. II

Inspiración Himnario Vol 1

JEHOVA ES PODEROSO GUERRERO

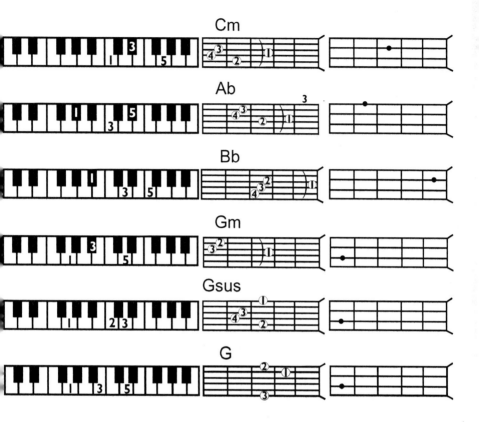

Inspiración Himnario Vol 1

MI CORAZON ESTA DISPUESTO

Cm = Do menor   Tony Pérez (Inglewod, C.A.)

     Cm Bb   Cm
//// Mi corazón está dispuesto, oh oh Señor,
     Bb   Cm
dispuesto a alabarte oh oh mi Dios ////
                G7
(Notas para la preparación del coro: oh oh mi Dios)

Coro
  Am   G
Cantaré a Jehová,
  Am   G
con todo mi corazón,
  Am   G
solo a ti te alabaré,
    Bb   Cm
oh mi Señor, oh mi Señor.

© 1991 Derechos reservados. Alabanzas Llamada Final
Inspiración Vol. I

Inspiración Himnario Vol 1

MI CORAZON ESTA DISPUESTO

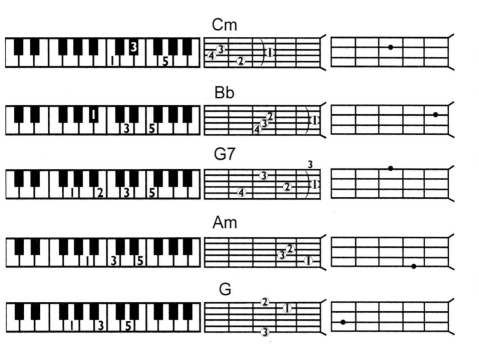

25

Inspiración Himnario Vol 1

TENEMOS EL PODER DE DIOS

Cm = Do menor   Edgar Méndez (San Francisco, C.A.)

Cm   Ab
// Tenemos el poder, tenemos el poder,
        Bb   G   Cm   (G solamente al principio)
    tenemos el poder de Dios //
Cm Bb Ab Bb   Cm   Fm
// Destruiremos fortalezas,
        Cm   Gsus   G
en el nombre en el nombre del Señor;
    Cm   Fm
si quieres tú, tener ese poder,
    G   Cm
solamente tienes que alabarle a él //
    Cm   Ab
// Toma tu instrumento, toma tu armamento,
        Bb   Cm
que es poderoso en Dios //

Coro
    Cm   Ab
// **Tú tienes el poder, tú tienes el poder,**
        Bb   Cm
tú tienes el poder de Dios //

2© 1992 Derechos reservados. Alabanzas Llamada Final
Inspiración Vol. II

Inspiración Himnario Vol 1

TENEMOS EL PODER DE DIOS

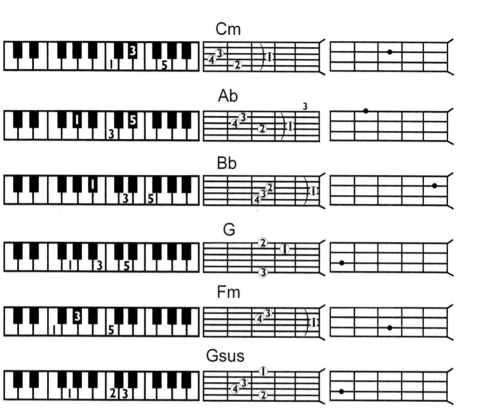

Inspiración Himnario Vol 1

EL ME LEVANTARA

D = Re   Tony Pérez (Inglewood, C.A.)

```
      D        Em A       D  Bm
// El me levantará,   él me levantará,
      Em A          D
él me levantará,   así es el Señor //
```

Coro
```
D7            G A              F#m  Bm
// El me levantará,   él me levantará,
                 G   A
en sus manos me sostendrá,
                 D
él me levantará //
así es el Señor. (en la segunda vez)
      D        Em A       D  Bm
// Me fortalecerá,   me fortalecerá,
      Em A          D
me fortalecerá,   así es el Señor //
```

```
D7            G A              F#m  Bm
// Me fortalecerá,   me fortalecerá,
                 G   A
en sus manos me sostendrá,
                 D
me fortalecerá //
así es el Señor. (en la segunda vez)
```

© *1991 Derechos reservados. Alabanzas Llamada Final*
Inspiración Vol. I

Inspiración Himnario Vol 1

EL ME LEVANTARA

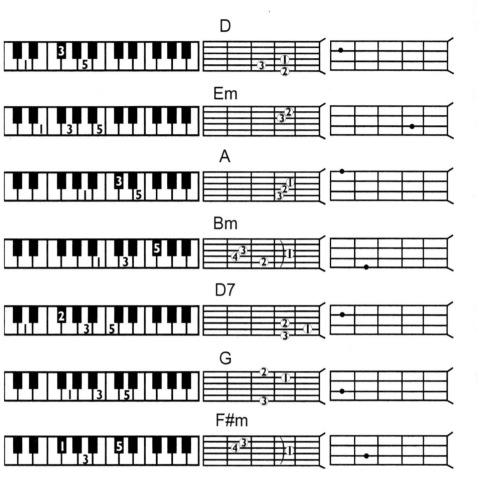

Inspiración Himnario Vol 1

EN EL NOMBRE DE JESUS

D = Re   José Jiménez (Inglewood, C.A.)

           D F#m Bm
En el nombre de Jesús,
       Em   A
me acerco ante tu presencia oh Señor;
           Em A
en el nombre de Jesús,

       D
a ofrecerte mi ofrenda oh Señor;

Coro
D7   G   A
// es alabanza, adoración,
        F#m   Bm
lo que te ofrezco oh Señor,
   G   A   D
en el nombre, maravilloso de Jesús //

© 1991 Derechos reservados. Alabanzas Llamada Final
Inspiración Vol. I

Inspiración Himnario Vol 1

EN EL NOMBRE DE JESUS

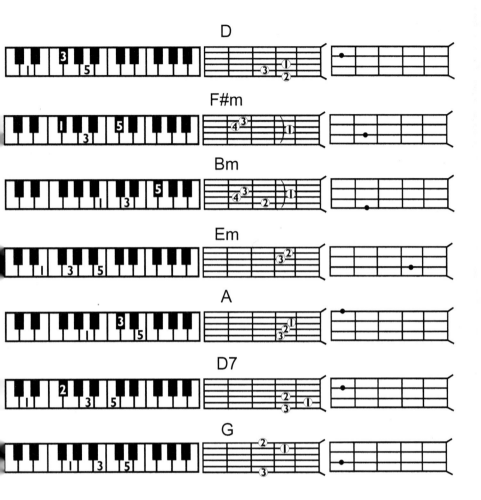

31

LEVANTO MIS MANOS

D = Re   Tony Perez (Inglewood, C.A.)

    D   Bm G   A
Levanto mis manos, a ti Señor.
    D   Bm G Em A
Levanto mis manos, a ti Señor.

    G   A   F#m Bm Em
No es un sacrificio, No lo es Señor,
             A   D   Am-D-G
Para ti lo hago, Con todo mi amor.

             A   F#m Bm-G-Em
No es un sacrificio, No lo es Señor,
             A   D
Para ti lo hago, Con amor.

© 1987 Derechos reservados. Alabanzas Llamada Final
Cerca De Mi

Inspiración Himnario Vol 1

LEVANTO MIS MANOS

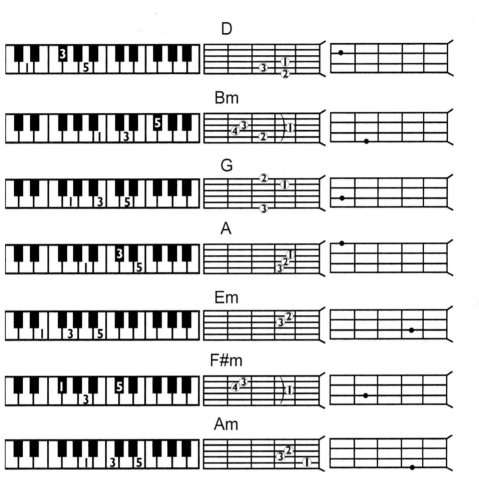

Inspiración Himnario Vol 1

SOLO A TI SEÑOR

D= Re   Elvy Roldan (Inglewood, C.A.)

```
        D      A/C# Bm   A
// Mi alma te anhela alabar
        G      Em    Asus A
  mi alma te anhela adorar
        G             A/G
  porque fuera de ti no hay mas

        F#m       Bm
  no hay nada que desear
        Em    A      D
  solo a Ti mi Señor solo a Ti
      (Sube de nota cuando se requiera)
Ab/Bb  Bb        Eb    Bb/D Cm     Bb
  Con mi boca te quiero cantar
                Ab    Fm   Bbsus Bb
  con mis manos te quiero servir
      Ab      Bb/Ab Gm      Cm
  y siempre ante Ti agradándote Señor
        Fm    Bb      Eb
  solo a Ti mi Señor solo a Ti //
Bbm/Eb Eb/G  Ab      Bb    Gm     Cm
  // Y siempre ante Ti agradándote Señor
        Fm    Bb      Eb
  solo a Ti mi Señor solo a Ti //
```

(Sube de nota a "E")

© *1994 Derechos reservados. Alabanzas Llamada Final*
Inspiración Vol. III

Inspiración Himnario Vol 1

SOLO A TI SEÑOR

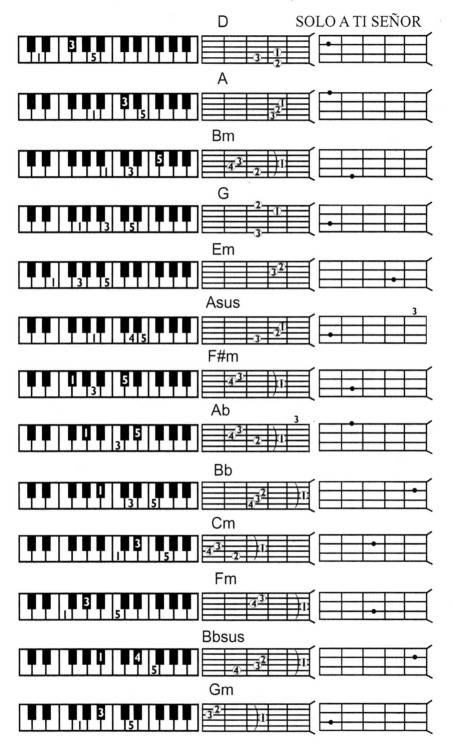

35

Inspiración Himnario Vol 1

TU ERES MI ESCUDO

D = Re   Tony Pérez (Inglewood, C.A.)

   D   Gma7   A/F#   Bm

// Con mi voz, clamé al Señor;
   G   Asus   A   D   Am   D
y él me oyó,   desde su monte santo.
     Gma7   A/F#   Bm
   Yo me acosté, y dormí;
   G   Asus   A   D
y desperté, Jehová me sustentaba //

Coro
Am D G A/G   F#m Bm   Em7 A
Tú,   eres mi escudo, y mi fortaleza,
                          D Am D
de quien temeré;
    G A/G   F#m   Bm
tú,   eres mi gloria,
    Em7   A   D
el que levanta mi cabeza oh Señor.

© 1993 Derechos reservados. Alabanzas Llamada Final
Inspiración Vol. II

Inspiración Himnario Vol 1

TU ERES MI ESCUDO

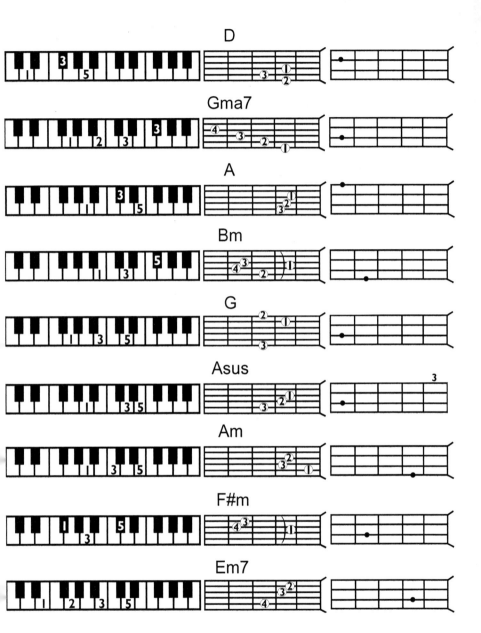

37

Inspiración Himnario Vol 1

AL ENTRAR EN TU PRESENCIA

E = Mi   Lilian Gamboa (Ecuador, Sur América)

E   C#m
// Al entrar en tu presencia derramo mi corazón
A   F#m   B

afligido y angustiado ante ti oh mi Señor //
F#m7   C#m
Proclamo tu grandeza en medio de la congregación
A   F#m   A   Bsus B   E
abandono todo atrás, me sumerjo Señor... en tu habitación
A   C#m
// Y entrando en tu presencia tómame y recuéstame
A B   E
en tu pecho oh mi Señor //

Coro

A   E   B   E
// He aquí que no quiero salir de tu presencia mi Señor
A   E   B   E
perderme en Ti yo quiero hoy, y adorarte solo a Ti //

© *1994 Derechos reservados. Alabanzas Llamada Final*
Inspiración Vol. III

Inspiración Himnario Vol 1

AL ENTRAR EN TU PRESENCIA

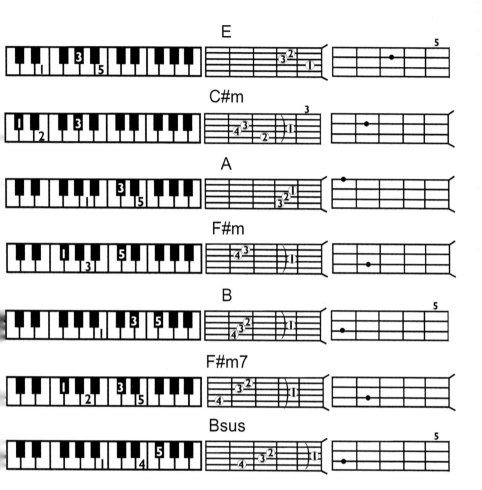

39

Inspiración Himnario Vol 1

ALABADO SEA

E = Mi   Martin Azurdia/Tony Nuñez (Inglewood, C.A.)
Efesios 1-3

```
     E          G#m        A           E
// Alabado sea el Señor y Padre de nuestro Señor Jesucristo,
             A             E
   Quien nos a bendecido en las regiones celestes,


        F#                 B
   Con toda bendición espiritual en Cristo. //


        A    B/A        E
// Para alabanza de su gloria.
        A           E
   Según nos escogió en El,
   D                  B
antes de la fundación del mundo. //
```

© *1994 Derechos reservados. Alabanzas Llamada Final*
Cerca De Mi

Inspiración Himnario Vol 1

ALABADO SEA

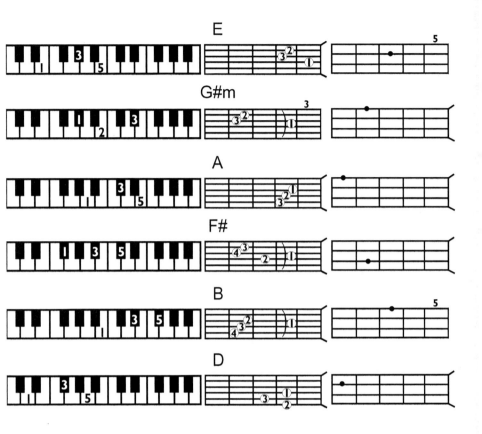

ALABARE A MI SEÑOR

E = Mi   Martin Azurdia (Inglewood, C.A.)

```
         E              G#m
/// Alabaré a mi Señor  mi Redentor
     C#m               G#m
adoraré en el espíritu a mi Salvador,
          A        A
    daré gloria,  (daré gloria);
  F#m   G#m A  F#m   Bsus   B
aquel que hizo el cielo tierra y mar ///
```

Coro
```
      C#m        G#m
  cantaré de su gran poder,
       A       B
  y su misericordia;
     C#m           G#m
  cada mañana yo alabaré,
   F#m   G#m  A    F#m    Bsus  B
aquel que hizo el cielo,  tierra  y mar.
```

© 1992 Derechos reservados. Alabanzas Llamada Final
El Rompió Mis Cadenas

Inspiración Himnario Vol 1

ALABARE A MI SEÑOR

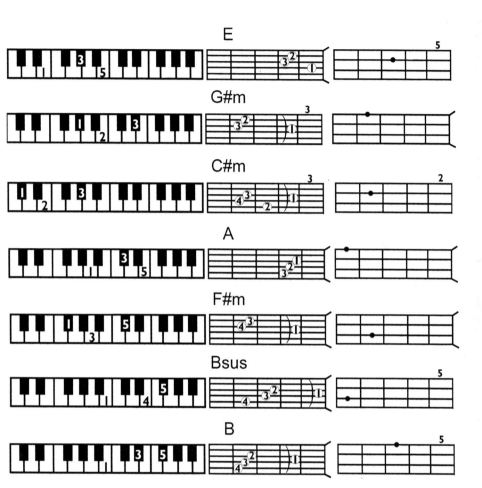

AMEN AMEN AMEN

E = Mi   Pastor Otto R. Azurdia/Tony Perez (Inglewood, C.A.)

```
          E                    F#m
     Amen, amen, amen, amen, amen
          B                        E
 las promesas del Señor son siempre amen
          C#m                 F#m

     cuando leo tu palabra canto amen
          F#m/B    B            E
     a la orden del Señor respondo amen.
          E                    F#m
     Amen, amen, amen, amen, amen
          B                 E
     mi vida yo la rindo a tus pies
          C#m                F#m
     cuando veo tu gloria y tu poder
          F#m/B   B            E
     en mi alabanza te canto amen, amen.
```

© *1995 Derechos reservados. Alabanzas Llamada Final*
Inspiración III

Inspiración Himnario Vol 1

AMEN AMEN AMEN

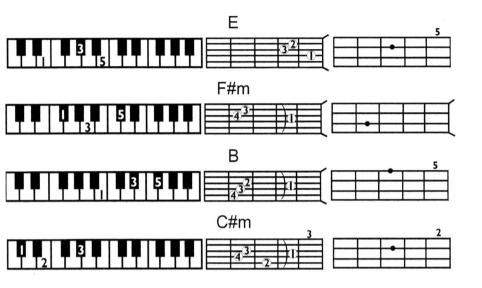

45

CERCA DE MI

E = Mi   Martin Azurdia (Inglewood, C.A.)

E
Es bello Señor,
G#7   C#m
poder sentir tu presencia.
A

Poder comprender,
F#m   B
que tu Señor estas cerca de mi.
E
Tu gozo me invade,
G#7   C#m
Tu paz calma toda ansiedad.
A
Tan solo al saber,
F#m   B
Que tu Señor estas cerca de mi.

E
/// Cuando tu estas cerca de mi ///
A   B   G#m
/// No encuentro palabras,
C#m
para agradecer;
F#m   B   E
Cuando tu estas cerca de mi. ///

© *1994 Derechos reservados. Alabanzas Llamada Final*
Cerca De Mi

Inspiración Himnario Vol 1

CERCA DE MI

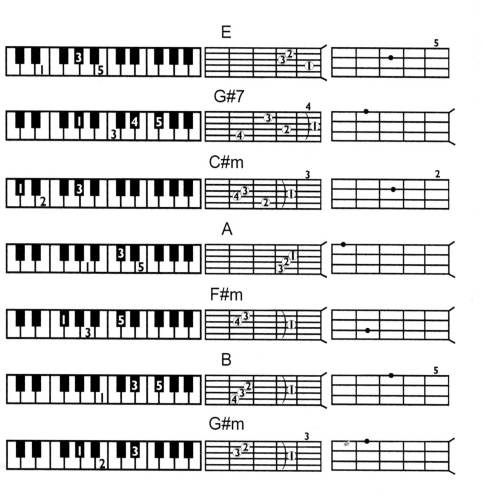

Inspiración Himnario Vol 1

DE TU MISERICORDIA

E = Mi   Martin Azurdia (Inglewood, C.A.)

```
          E      B/D#
// De tu misericordia,
      A-B   E    B
cantaré eternamente. //4
```

```
      E              G#m
// Grande es Jehová,
     A   F#m  B
y El es digno de alabanza. //
```

```
         E      B/D#
// Nuestro Dios es eterno,
       A  B  E    B
y su amor es infinito, //
```

```
      E              G#m
// Grande, es Jehová,
     A   F#m  B
y el es digno de alabanza. //
```

```
    F#m7    F#m-G#m-A-B
Digno de alabanza.
```

© *1992 Derechos reservados. Alabanzas Llamada Final*
Cerca De Mi

48

Inspiración Himnario Vol 1

DE TU MISERICORDIA

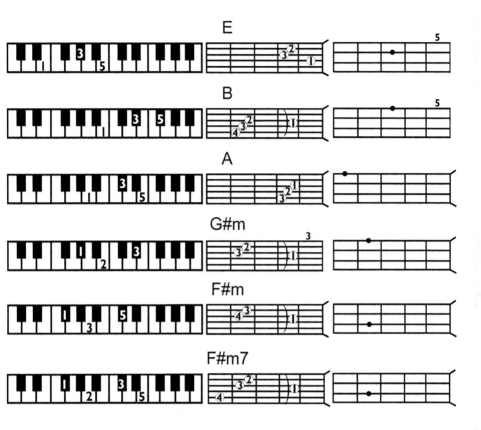

Inspiración Himnario Vol 1

EL ESPIRITU DE DIOS ESTA EN ESTE LUGAR

E = Mi   Martin Azurdia (Inglewood, C.A.)

```
              E        A        E2
// El Espíritu de Dios esta en este lugar
        E2          F#m7          Bsus  B
  el Espíritu de Dios se mueve en este lugar
              E         A2
        esta aquí para consolar,
              E         A2
        esta aquí para liberar
     E              Bsus              E      E7
esta aquí para guiar el Espíritu de Dios esta aquí //
```

Coro
```
          A      B              E
// muévete en mi,      muévete en mi
          A         B
   toca mi mente mi corazón
          G#m7      C#m
   llena mi vida de tu amor
     F#m          B              E2
muévete en mi Dios Espíritu muévete en mi //
```

© *1994 Derechos reservados. Alabanzas Llamada Final*
Inspiración III

Inspiración Himnario Vol 1

EL ESPIRITU DE DIOS ESTA EN ESTE LUGAR

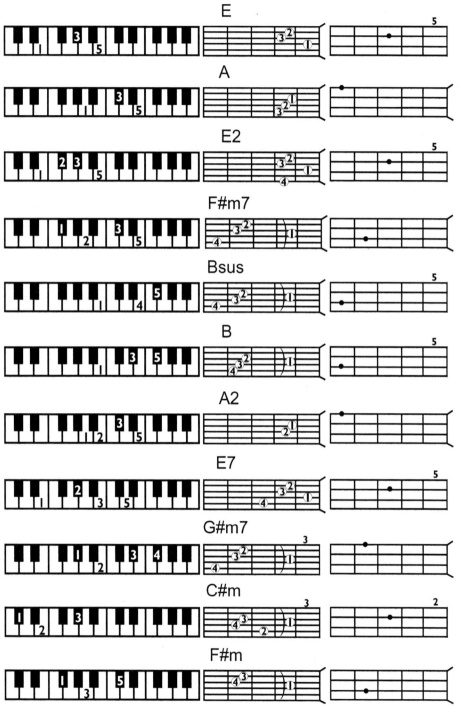

ENSEÑAME OH JEHOVA TUS CAMINOS

E = Mi   Alex Paredes (Inglewood, C.A.)

```
              E              F#m  B
      Enséñame oh Jehová,  tus caminos;
          F#m        B      E
      enséñame oh Jehová, tus caminos;
      E7     A         B G#m   C#m
      caminaré yo en tu verdad,  oh  Jehová;
      F#m        B          E


      enséñame,  enséñame  tus caminos,
    E7   A       B      G#m    C#m
    Hazme un corazón, que tema a tu nombre,
          F#m     B      E
      te alabaré oh Jehová,  mi Dios;
    E7    A        B      G#m    C#m
    Hazme un corazón, que tema a tu nombre,
          F#m     B      E
      te alabaré oh Jehová, mi Dios.
```

© 1991 Derechos reservados. Alabanzas Llamada Final
Inspiración Vol. I

Inspiración Himnario Vol 1

ENSEÑAME OH JEHOVA TUS CAMINOS

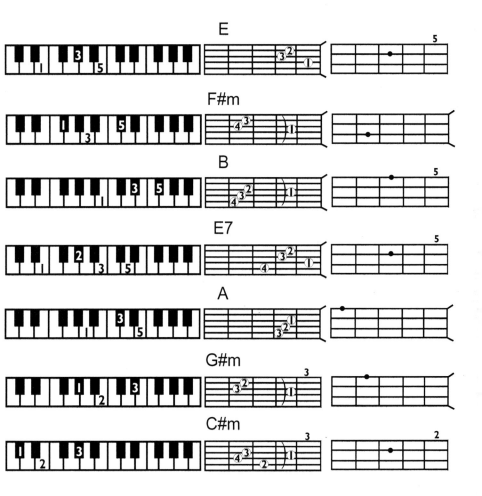

ESTOY AQUI

E = Mi   Martin Azurdia (Inglewood, C.A.)

```
          E      G#m
// Estoy Aquí, Señor Jesús
     A        F#m    B
Ante tu Altar, Mi Salvador. //

          A              B

   Extiende tu manto,
     A              B
   Extiende tu manto,
     A              B
   Extiende tu manto,

         E                 G#m
// Y seré limpio, seré sano,
         A-F#m       B
seré ungido, y renovado, //

   F#m             G#m
   Extiende tu manto,
   F#m             G#m
   Extiende u manto,
   F#m             B
   Extiende tu manto,
                     E
         Sobre mi.
```

© 1992 Derechos reservados. Alabanzas Llamada Final
Cerca De Mi

Inspiración Himnario Vol 1

ESTOY AQUI

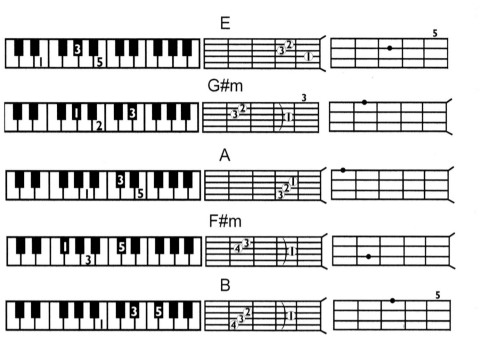

HAY OCASIONES

E = Mi   Mary García (Inglewood, C.A.)

E   A B/A   E   F#   F#7   B
Señor   hay ocasiones, cuando el desánimo viene hacia mí;
   A B/A   E   F#m   B   E E7
pero yo sé;   en mi corazón, que es tu amor, el que me sustenta a mí;
   A   B/A   E   F#   B   E

me das las fuerzas, que necesito, levantas mi espíritu y me alientas oh Señor
   A   B/A   E   F#m   B E
me das las fuerzas, que necesito levantas mi espíritu y me alientas oh Señor

Coro

E7 A   B/A   G#m7   C#m (C#7 2da vez)
// Tú, para mi eres todo, no tengo nada más que desear;
     A/F#   B   E
embriágame con tu amor, oh Señor //

   A B   G#m7 C#m   F#   F#7   B
Señor, como agradecerte,   por tan grande amor oh Señor;
     A   B   E   E7
me das las fuerzas, que necesito,
     A   B   E
levantas mi espíritu, me alientas oh Señor.

(Coro)

© 1992 Derechos reservados. Alabanzas Llamada Final
El Rompió Mis Cadenas

HAY OCASIONES

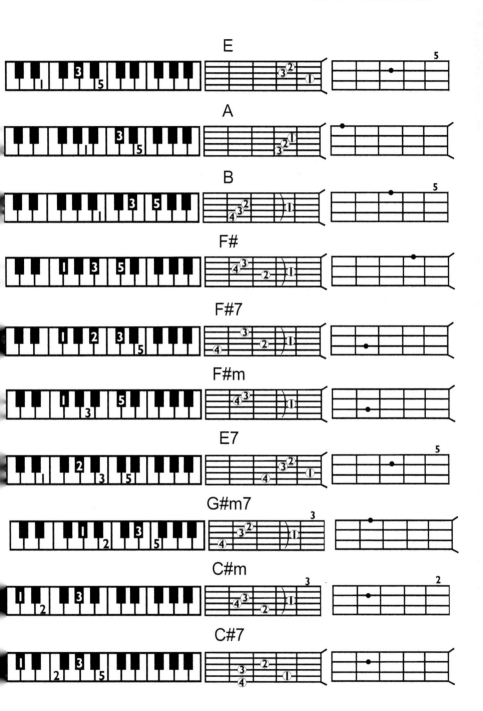

Inspiración Himnario Vol 1

HOY QUIERO HACER

E = Mi   Martin Azurdia (Inglewood, C.A.)

        E   A   B
// Hoy quiero hacer algo nuevo para el Señor,
    E   A   B

Entregarle todo mi amor desde mi interior. //

            C#m   G#m
        Como David yo me haré vil,
            C#m   G#m
        Como María Danzaré,
            C#m   G#m
        Como Josue yo gritaré,

            A   E/G#   F#m
        Delante de Jehová,
            A   E/G#   F#m
        Rey del universo,
            A   E/G#   F#m   B
        Hoy en su presencia,
                    E
        Me gozaré.

© 1989 Derechos reservados. Alabanzas Llamada Final
Cerca De Mi

Inspiración Himnario Vol 1

HOY QUIERO HACER

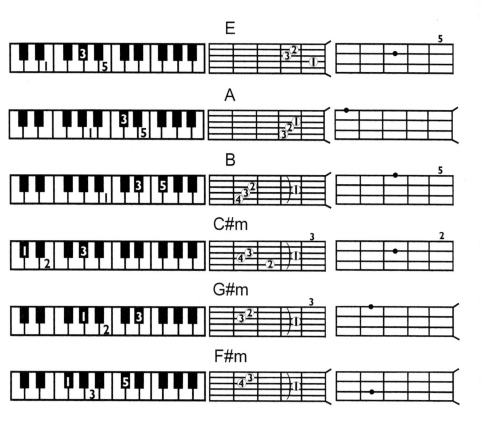

Inspiración Himnario Vol 1

NO HAY OTRO DIOS COMO TU

E = Mi   Martin Azurdia (Inglewood, C.A.)

E   F#m
// No hay otro Dios como tú,
F#m G#m A F#m   B
magnífico, sin igual rey poderoso //

Coro
A   B   A   B
gloria y poder (gloria y poder)
A   B   A   B
gloria y poder (gloria y poder)
E
son para ti.

© *1992 Derechos reservados. Alabanzas Llamada Final*
El Rompió Mis Cadenas

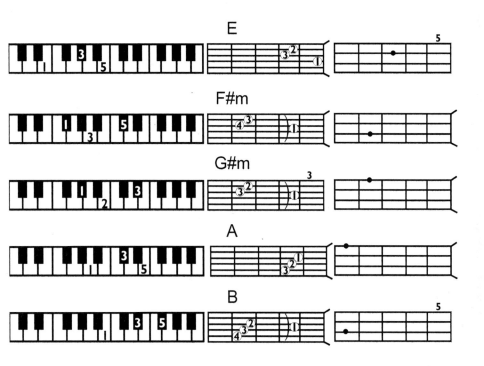

PODEROSO ES EL SEÑOR

E = Mi   Heber Pérez (Fontana, C.A.)

```
        E        F#m
   Te llamaré, mi gran Señor,
        A         Bsus
        en todo tiempo,
     B       E          F#m G#m  A
   Porque has sido tú, mi salvador;
                   Bsus    B
          yo te alabaré.
        E        F#m
   Te llamarán el gran Yo soy,
        A         Bsus
          entre los pueblos,
     B       E          F#m G#m A
   y yo moraré en tu habitación;
                   Bsus    B
          yo te exaltaré.
```

Coro

```
        C#m        A     B    A   B
   // Poderoso es el Señor,
          E     A     B       A   B
   digno de alabanza //
                     C#m
       poderoso es él.
```

© *1993 Derechos reservados. Alabanzas Llamada Final*
Inspiración Vol. II

Inspiración Himnario Vol 1

PODEROSO ES EL SEÑOR

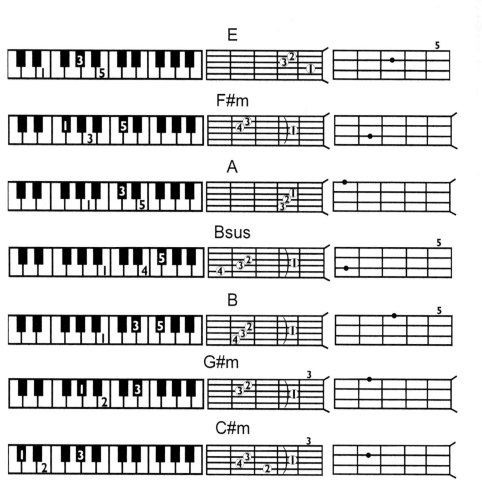

PORQUE TU ERES MI ROCA

E = Mi   Heber Pérez (Inglewood, C.A.)

                              E
//// Porque tú eres mi roca,
                        C#m

y mi fortaleza,
F#m   B
te alabaré, oh Señor ////

Coro
       A   B
Te cantaré, con el corazón,
       A   B
y las fuerzas, tú me darás;
       A   B
te cantaré, con el corazón,
       A   B
y las fuerzas, tú me darás...

© *1993 Derechos reservados. Alabanzas Llamada Final*
Inspiración Vol. II

Inspiración Himnario Vol 1

PORQUE TU ERES MI ROCA

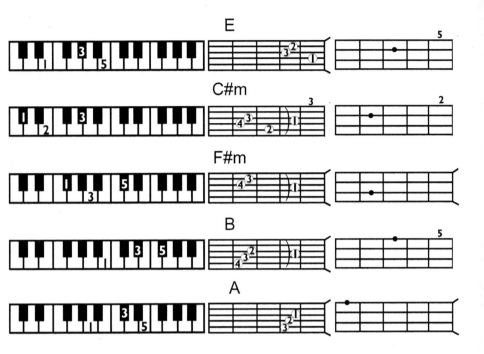

SOPLA CRISTO SOPLA

E = Mi   Pastor Juan Villatoro (San Diego, C.A.)

E9   G#m7
// Sopla Cristo sopla
Gma7 F#m   A°7 (B 2da vez en adelante)

sopla Señor aliento de vida
B⁺7   E9   G#m7
sopla Cristo sopla
Gma7   F#m   A°7 (B 2da vez en adelante)
sopla Señor sobre mi tu vida //

Coro
G#m C#7
// **Cristo sopla, viento de Dios**
F#m7   B
sopla Señor aliento de vida //
G#m7 C#7
// **Cristo sopla, viento de Dios**
F#m7   B
sopla Señor sobre mi tu vida //
E   F#m F   E
Amen, Amen,   Amen (Final)

© *1995 Derechos reservados. Alabanzas Llamada Final*
Inspiración Vol. III

Inspiración Himnario Vol 1

SOPLA CRISTO SOPLA

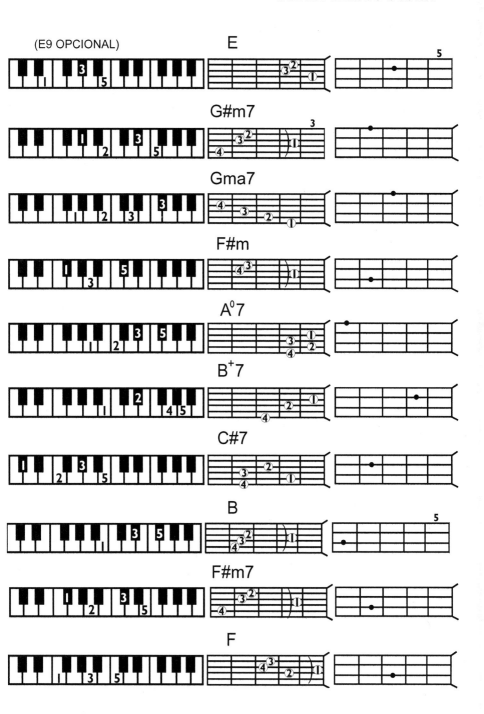

TE ADORARE SEÑOR

E = Mi   Heber Perez (Fontana, C.A.)

    E   G#m   C#m
Solo en tu presencia yo puedo ver Señor
    A   F#m   B
   la grandeza de tu amor
   E   G#m   C#m

solo en tu presencia yo puedo ver Señor
        F#m   Bsus B
cuan pequeño soy,   delante de Ti

Coro
   F#m7   B
y al pensar, que me has llamado
     F#m7   B
para adorarte te adorare Señor
     F#m7   B
y al pensar que me has llamado
       A   F#m   Bsus B

te adorare Señor te adorare.

© *1993 Derechos reservados. Alabanzas Llamada Final*
Inspiración III

Inspiración Himnario Vol 1

TE ADORARE SEÑOR

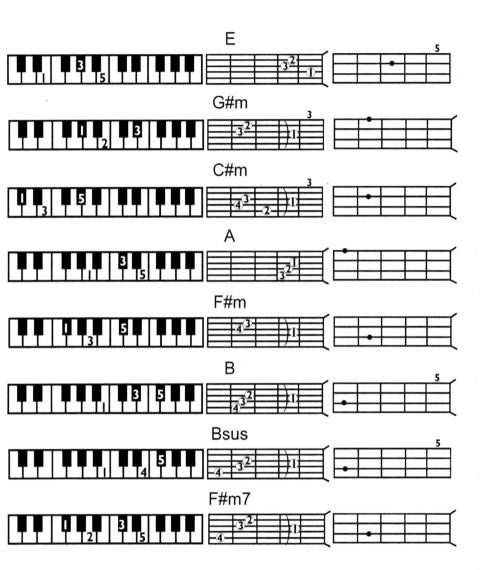

Inspiración Himnario Vol 1

TUS ENEMIGOS DIRAN

E = Mi   Martin Azurdia (Inglewood, C.A.)

```
         E          F#m
// Tus enemigos dirán
         B          E
tu eres  grande y poderoso //
```

Coro

```
  C#m           G#m
Toda rodilla se doblará;
   A            B
y toda lengua confesará;
  C#m           G#m
que tu Señor Santo de Israel;
     A     B   E
eres grande y poderoso.
```

© *1992 Derechos reservados. Alabanzas Llamada Final*
El Rompió Mis Cadenas

Inspiración Himnario Vol 1

TUS ENEMIGOS DIRAN

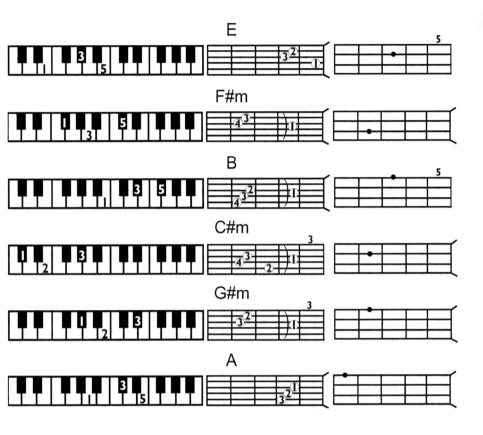

AVANZA PUEBLO

Em = Mi menor   Ana Estrada (Inglewood, C.A.)

Em
Avanza pueblo con poder

                G
que Jehová está al frente;
                            Am
desde los cielos pelearon las estrellas;
                F   Dm
al cabalgar de sus valientes;
                    E
avanza con poder.

Coro
Am   G
Canta y alaba a Jehová,
        G   Am
pues la victoria él te dará;
Am   G
los montes ante él se inclinarán;
    G   E7   Am
las naciones ante él se postrarán;
    G   F   E   Am
/// y su pueblo con él se gozará ///

© *1992 Derechos reservados. Alabanzas Llamada Final*
El Rompió Mis Cadenas

Inspiración Himnario Vol 1

AVANZA PUEBLO

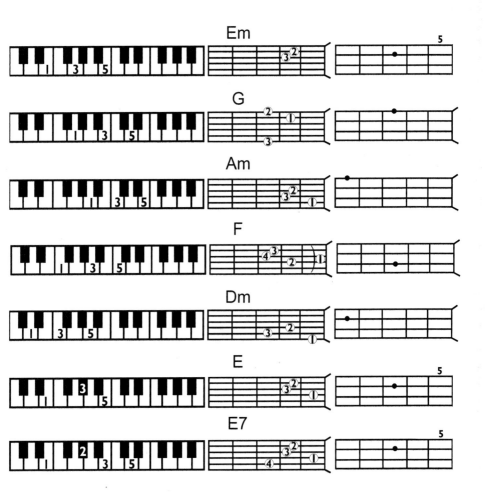

Inspiración Himnario Vol 1

CANTAD ALEGRES A DIOS

Em = Mi menor   Tony Nuñez (Inglewood, C.A.)

    Em   D   Am   Em
Cantad alegres a Dios, habitantes de toda la tierra.
    G   D   Am   Em
Servid ante el Señor, con alegria en tus labios.
    C   G   Am B
Venid ante Su presencia, con regocijo.

    C   D   Em
Reconoced que Jehová es Dios,
    C   D   Em
Reconoced que Jehová es Dios,
    C   D   Em
Reconoced que Jehová es Dios.

© *1994 Derechos reservados. Alabanzas Llamada Final*
Cerca De Mi

Inspiración Himnario Vol 1

CANTAD ALEGRES A DIOS

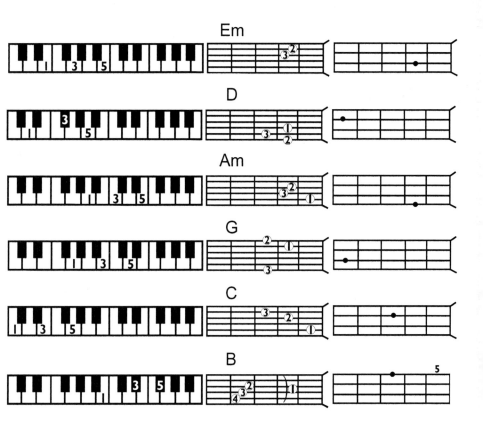

CANTARE A JEHOVA

Em = Mi menor   Heber Perez (Fontana, C.A.)

G   A   Bm A   Bm
// Cantaré a Jehová,   con un canto en mi boca,
    A   Bm
      y un corazón que le adora,
    A   Em

      me gozaré en su presencia,
    A   Em   F#
    y cantaré con gozo a mi Señor //

Coro
Bm   A   Bm
El es el Poderoso; él es tu Salvador;
              A
en todos los caminos;
   F#   Bm
él te guardará por siempre del mal,
  G   A   Bm   G A Bm
El es tu Salvador, tu Guardador, tu Protector;
      G   A   Bm
él es tu guía y tu sanador,
        G   A   Bm
él es tu Dios y Señor;

© 1992 Derechos reservados. Alabanzas Llamada Final
El Rompió Mis Cadenas

Inspiración Himnario Vol 1

CANTARE A JEHOVA

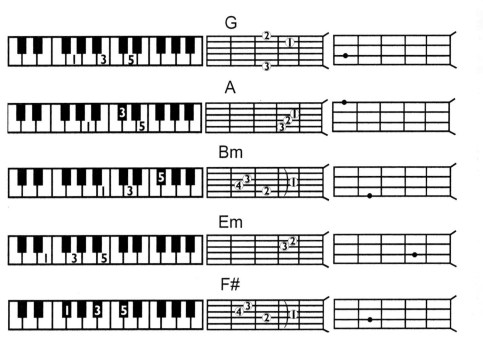

GRITA, CANTA

Em = Mi menor   Tony Nuñez (Inglewood, C.A.)

Em   D
// Grita, canta con jubilo,

      C   B   Em (E7 2da vez)
habitantes de Sión. //

    Am   G   D   Em
// Porque grande en medio de ti,
           C   D Em-E7
es el santo de Israel. //

Em   D
// Canta alabanzas a Dios,
          C B Em
porque a hecho maravillas. //

    Am   G   D   Em
// Porque a dado a conocer,
        Am   C   B
en su pueblo su poder. //

© 1994 Derechos reservados. Alabanzas Llamada Final
Cerca De Mi

Inspiración Himnario Vol 1

GRITA, CANTA

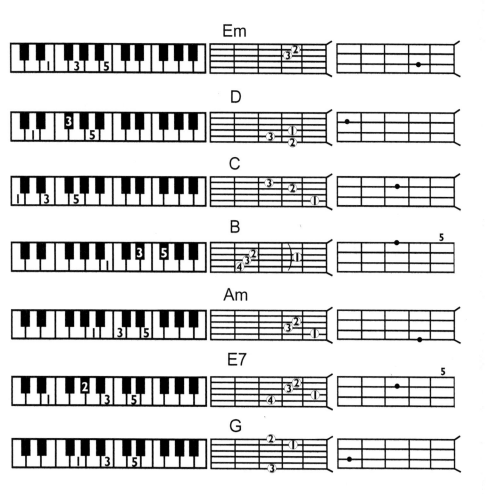

LE EXALTARE

Em = Mi menor   Martin Azurdia (Inglewood, C.A.)

Em   Am
Cantaré de la grandeza de su poder,
                    D   Em
con voz de júbilo alabadle;

        Em   Am
de su misericordia yo cantaré,
                    D   B
su nombre siempre exaltaré;
Am   D
no podré callar de sus maravillas,
        G   Em
con mi boca yo cantaré;
        Am   D
siempre con un cántico nuevo,
        G   E7
en alta voz publicaré;
        Am   D   Em
// El es mi Dios, mi fuerza mi refugio
        C   Am   D (B7 2da vez)
mi roca eterna Dios de mi salvación //
                    Coro
        Em   C   D
/// **Y le exaltaré; le exaltaré; le exaltaré;**
                    Em
            por siempre ///

© *1992 Derechos reservados. Alabanzas Llamada Final*
El Rompió Mis Cadenas

Inspiración Himnario Vol 1

LE EXALTARE

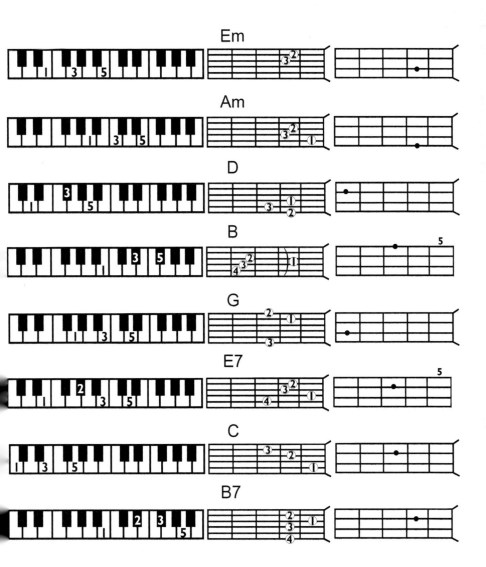

81

Inspiración Himnario Vol 1

UN SACERDOCIO SANTO

F = Fa   Tony Nuñez (Inglewood, C.A.)

```
        F        Am        Bb          C
// Un sacerdocio santo manifestando tu gloria y poder,
        F        Am        Bb       C
    Que tu manto de alabanza llene mi ser. //


            Bb    C   Am          Dm

// Con tu voz, Señor, bendice hoy tu pueblo,
          Bb       C        F
    Derramando la nube de tu gloria.
      Bb        C        Am      Dm
    Alzaré mis manos, para recibir tu gloria;
      G7          C          F
    Declarando tu verdad y gran bondad. //
```

© 1994 Derechos reservados. Alabanzas Llamada Final
Cerca De Mi

Inspiración Himnario Vol 1

UN SACERDOCIO SANTO

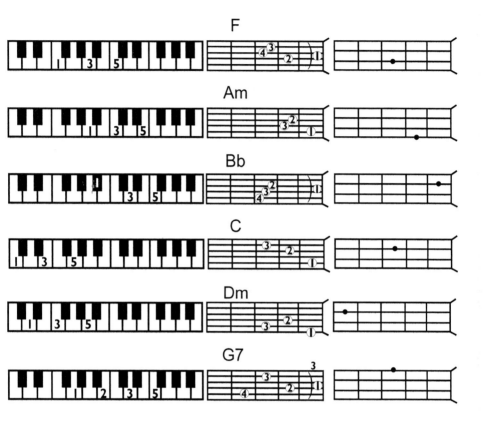

PODEROSO DE ISRAEL

Fm = Fa menor   Martin Azurdia (Inglewood, C.A.)

```
       Fm              Eb              Db
// Poderoso de Israel, Poderoso de Israel, Poderoso de Israel,
                        C

              Escudo mio. //

                 Fm        Eb
        // A ti cantaré, a ti danzaré,
                 Db         C
        y te alabaré, Dios de Israel. //


          Db           Eb      Fm
    // Porque no a perdido una sola batalla,
          Db           Eb      Fm
    Porque no a perdido una sola batalla,
          Db           Eb      Fm
    Porque no a perdido una sola batalla,
              Db    Cm            Fm
        Varón de Guerra es Jehová. //


        Fm                        Eb   Db
    // La victoria es del Señor y de su Pueblo;
                      Eb        Fm
         Ha vencido y vencerá. //


           Db       Eb          Fm
    /// Varón de guerra es Jehová. ///
```

© 1994 Derechos reservados. Alabanzas Llamada Final
Cerca De Mi

Inspiración Himnario Vol 1

PODEROSO DE ISRAEL

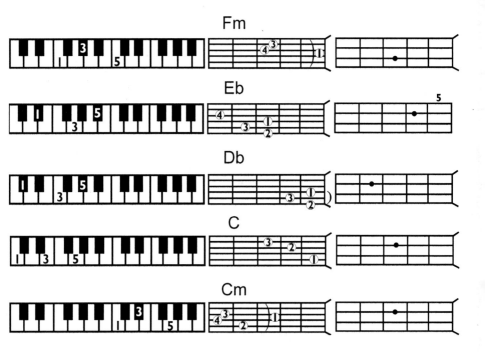

85

ADORARE A MI SEÑOR

G = Sol   Ivan Delgado (Inglewood, C.A.)

G   Em
// Adoraré a mi Señor,
     Am D

cantaré a él //

Coro
Cma7   D/C
Porque él me ha escogido,
     Bm   B7   Em
para adorar, su santo nombre;
     C   D   G
adoraré, a mi Señor.

© 1992 Derechos reservados. Alabanzas Llamada Final
El Rompió Mis Cadenas

ADORARE A MI SEÑOR

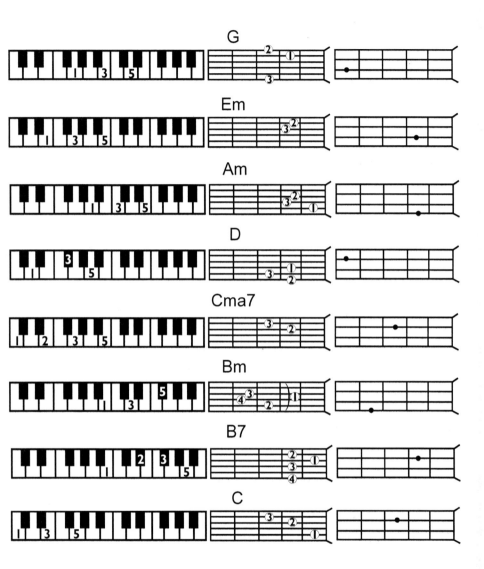

Inspiración Himnario Vol 1

EL ROMPIO MIS CADENAS

G = Sol   Mary García (Inglewood, C.A.)

```
              G           Em
      // El rompió, mis cadenas,
                 G          Em
         me llenó, de alegría.
              G           Em
         El rompió, mis cadenas,
             Am      D        G
         y llenó, de paz, mi corazón //
```

Coro

```
        Bm                        Em
   Ahora veo la luz de Cristo a mi alrededor,
        Bm                         Em
   yo confío en su sangre que me da perdón,
              C     D      C Bm Am G
      él me guía, con, su santo   Espíritu,
                      D
          pues su hijo soy.
```

© *1992 Derechos reservados. Alabanzas Llamada Final*
El Rompió Mis Cadenas

Inspiración Himnario Vol 1

EL ROMPIO MIS CADENAS

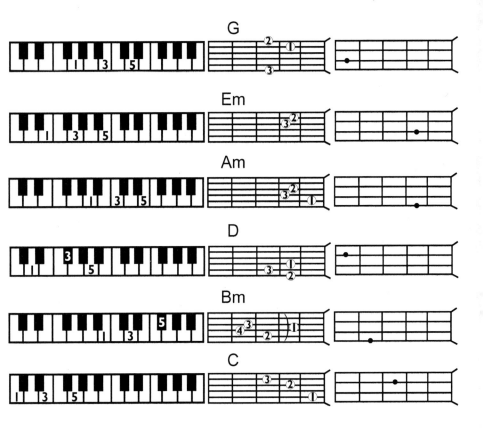

ERES DIGNO

G = Sol   Luis Molina (San Francisco, C.A.)

```
      G         C      D      G
Eres digno, de abrir,  los sellos, Señor.
```

```
      G         C      D      G
Eres digno, de abrir,  los sellos, Señor;
```

Coro
```
      G7           C
porque fuiste, inmolado,
          D                G
con tu poder,  me has levantado;
      G7           C
porque fuiste, inmolado,
        D                G
y tu sangre,  me ha salvado;
    G7    C    D         G       G7
gloria a Dios,    gloria  a  Dios;
          C    D         G
gloria a Dios,    gloria  a  Dios.
```

© 1991 Derechos reservados. Alabanzas Llamada Final
Inspiración Vol. I

ERES DIGNO

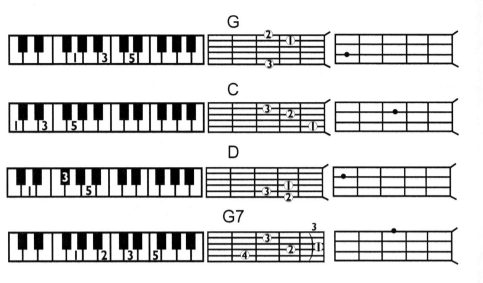

ESTOY EN TU PRESENCIA

G = Sol   Heber Pérez (Fontana, C.A.)

G   Em
// Estoy en tu presencia,
C D
adorándote Señor //

Coro
G   Em
// **cantándote alabanzas,**
C D
proclamándote Señor //

© *1992 Derechos reservados. Alabanzas Llamada Final*
El Rompió Mis Cadenas

Inspiración Himnario Vol 1

ESTOY EN TU PRESENCIA

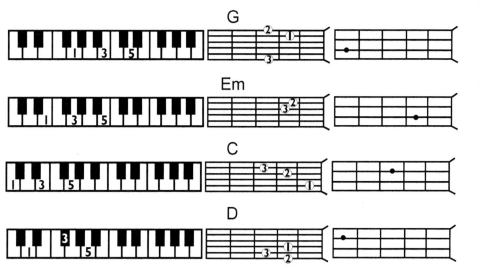

HOY PUEDO DECIR

G = Sol   Edgar Méndez/ Martin Azurdia (Inglewood, C.A.)

G   Am   G
Hoy puedo decir, con todo mi corazón;
Am
que solo no estoy,
Bm   Em
pues Dios está, dentro de mí;
Am D C   D C G
y puedo cantar,   alabanzas al Señor.

Coro
Em   C   C Bm Am
Te alabamos Padre, te alabamos Padre;
D   G   B7   Em
tú eres digno, eres eterno
C D C G
por siempre Rey.
G   Am   G
Mi anhelo será, en todo mi caminar;
Am   Bm   Em
amarte más; hasta llegar, a ver tu gloria;
Am   D   C D G
y siempre cantar, alabanzas al Señor.

© *1992 Derechos reservados. Alabanzas Llamada Final*
El Rompió Mis Cadenas

Inspiración Himnario Vol 1

HOY PUEDO DECIR

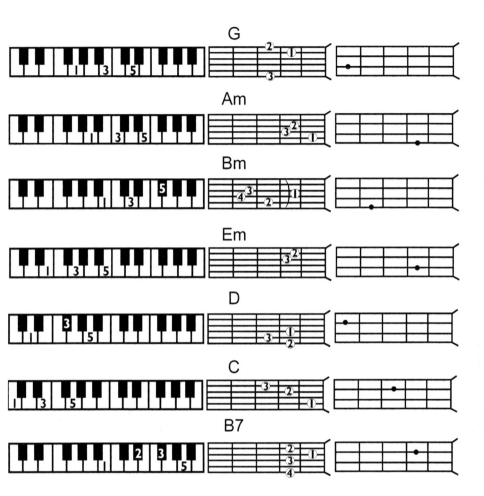

MARAVILLOSO DIOS

G = Sol   Pastor Otto René Azurdia (Inglewood, C.A.)

```
        G   Am       D       Am/G G      Em
// Maravilloso Dios,     maravilloso Dios
        Am     D         C   G
maravilloso Dios,  digno de adoración //
        G                Am/C  C
Delante de Ti estoy ante Tú   trono
        A               D   D+
delante de Ti Señor en oración;
        G                Am/C  C
contemplo tu esplendor maravilloso
        A               D   D+
expreso a toda voz esta canción.
```

Coro
```
     G   Am       D       G          Em
//Maravilloso Dios,     maravilloso Dios
        Am  ·  D         C   G
maravilloso Dios,   digno de adoración //
```

Incomparable Dios.......

© 1993 Derechos reservados. Alabanzas Llamada Final
Inspiración Vol. II

Inspiración Himnario Vol 1

MARAVILLOSO DIOS

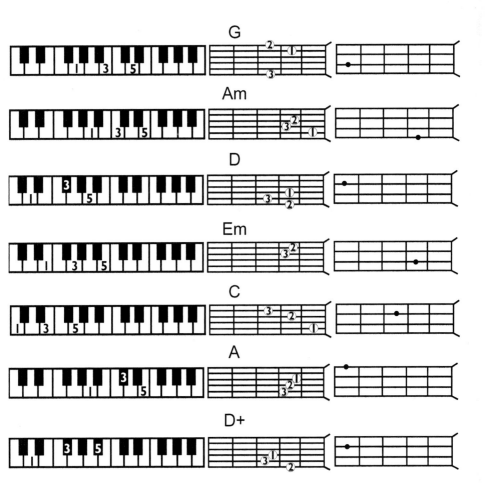

SOLO A TI

G = Sol   Ivan Delgado (Inglewood, C.A.)

G   C D   G
Solo a ti Señor yo te canto,
       C   D G

Solo a ti adoraré.

C D   Bm   Em
Solo a ti Señor, te doy mi corazón,
     Am D   G
Solo a ti Señor Jesús.

(se repite 6 veces)
Am D   G
Solo a ti Señor, Jesús.

© 1994 Derechos reservados. Alabanzas Llamada Final
Cerca De Mi

Inspiración Himnario Vol 1

SOLO A TI

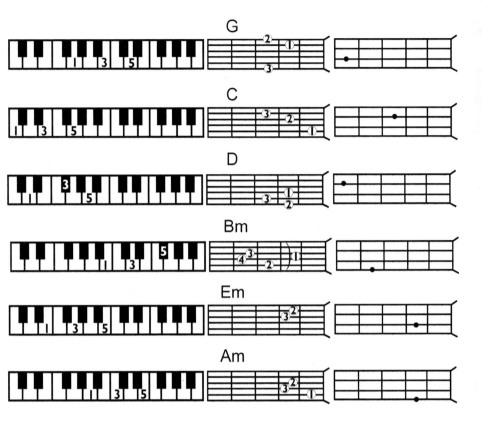

UN NUEVO CANTO

G = Sol   Salomon Ortega (Inglewood, C.A.)

G   Am   G

/// Cantaré yo al Señor, con todo el corazón,
                         Am   G
Cantaré yo al Señor, un nuevo canto hoy ///

Coro
                    C   D
              porque él es mi Rey;
                    C   D
              porque él es mi Dios;
        C   D   G   Bm   Em
  él es mi Señor; y por siempre le adoraré;
                    C   D
              porque él es mi rey;
                    C   D
              porque él es mi Dios;
        C   D   C   D   G
  él es mi Señor; y por siempre le adoraré;

© 1992 Derechos reservados. Alabanzas Llamada Final
El Rompió Mis Cadenas

Inspiración Himnario Vol 1

UN NUEVO CANTO

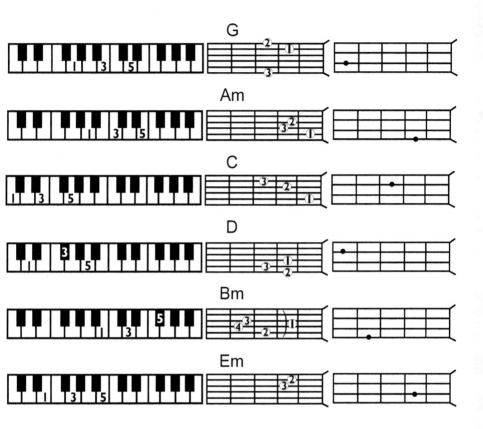

101

ERES EL SEÑOR

A = La   Heber Pérez (Fontana, C.A.)

A   E

Toda la tierra oirá su voz,
Bm   F#m
sus rodillas se doblarán;
A   E
con su lengua confesarán;
Bm   F#m
que tú eres el Señor.
A   E
Y en la tierra reinará,
Bm   F#m
su gloria y majestad;
A   E
y por siempre yo cantaré,
Bm   F#m   E
cantaré de su verdad.

Coro

F#m   E
**// Rey de Reyes Señor de Señores gloria,
aleluya //**
A   E
**// Cristo príncipe de paz gloria,
aleluya //**
F#m
(para terminar) **aleluya**

© 1992 Derechos reservados. Alabanzas Llamada Final
El Rompió Mis Cadenas

Inspiración Himnario Vol 1

ERES EL SEÑOR

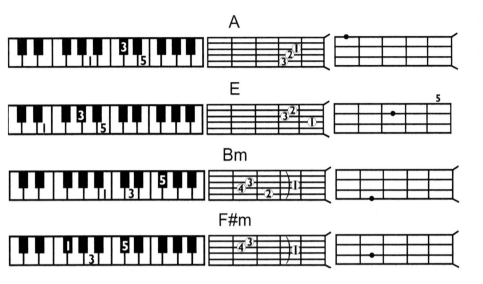

103

HAZME BRILLAR SEÑOR

A = La   Tony Pérez (Inglewood, C.A.)

```
              A                Bm
     Hazme brillar  Señor, como las estrellas;
                E              A  Bm  E7
     hazme brillar  Señor,  junto a tu luz.
              A                Bm
     Hazme brillar Señor,  cada día un poco más;
                E           A
     y reflejar en mí,  tu santidad;
```

Coro

```
Em   A  D      E/D      A, E/G#       F#m    E
     hazme brillar  Señor............ junto a tu luz;
           D          E              A
     hazme brillar Señor,  un poco más.
```

© 1991 Derechos reservados. Alabanzas Llamada Final
Inspiración Vol. I

Inspiración Himnario Vol 1

HAZME BRILLAR SEÑOR

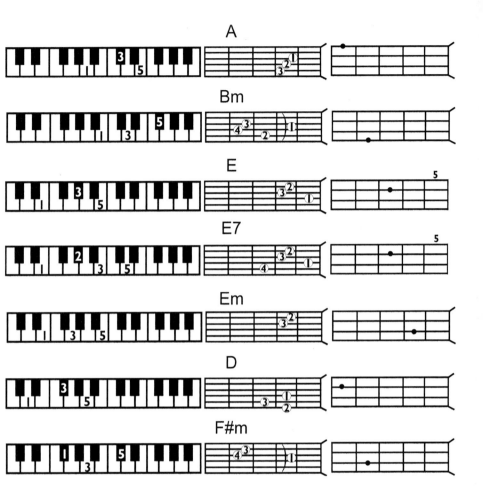

105

Inspiración Himnario Vol 1

TU

A = La   Martin Azurdia (Inglewood, C.A.)

           A   E/G#   F#m
Tú eres principio y final,
                C#m   D   C#m   Bm
el Creador omnipotente,
                    E
lleno de gloria Señor.

      A   E/G#   F#m
Tú creaste el sol, y las estrellas,
                    C#m   D   C#m Bm
la expansión, el universo;
                    E
       eres poderoso Señor.
      A   E/G#   F#m
Tú eres la estrella, resplandeciente,
                C#m   D   C#m Bm
luz que jamas, se extinguirá
                E   Bm   E
eres Eterno Jesús,   eres Eterno.....

              Coro
              D   E/D
Porque no hay nadie como tú,
         C#m   F#m   E
imposible de comparar;
         D   C#m
aunque alto y grande, sublime y eterno

Inspiración Himnario Vol 1

TU

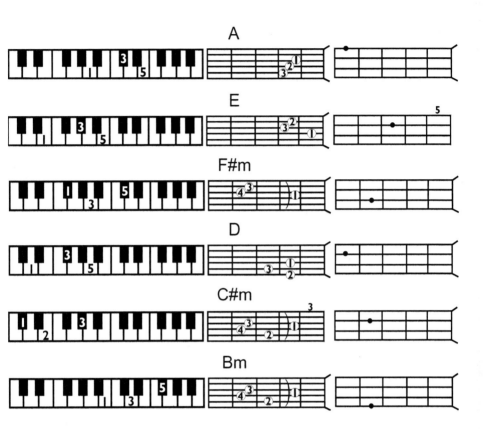

107

Jesús, su vida dió por mi;
 D   E/D
Porque no hay nadie como tú,
      C#m   F#m   E
imposible de comparar,
   D   C#m
aunque alto y grande, sublime y eterno;
      D E   A
Jesús......murió por mi.

         A   E/G#   F#m
     Tú entre la guerra, eres temible
            C#m   D   C#m Bm
        la fortaleza, inquebrantable;
                   E
          eres poderoso Jesús.
         A   E/G#   F#m
     Tú león de Judá, el invencible,
            C#m   D   C#m Bm
       santo cordero, manso y humilde;
                   E
          eres un misterio Señor.
         A   E/G#   F#m
     Tú eres mi Dios, y mi Señor
            C#m   D   C#m Bm
        mi capitán y mi maestro
            E   Bm   E
     eres admirable Jesús,   eres admirable....

© *1993 Derechos reservados. Alabanzas Llamada Final*
Inspiración Vol. II

Inspiración Himnario Vol 1

TU

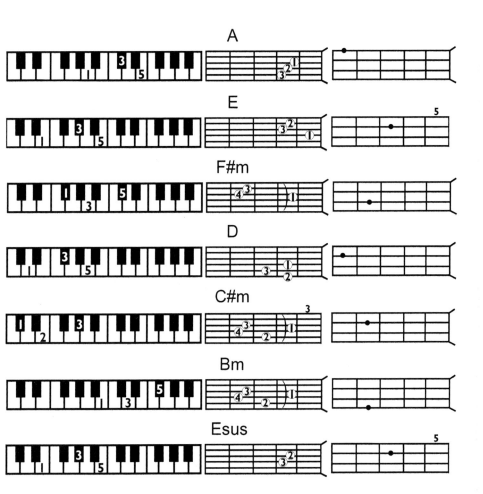

109

ALELUYA

Am = La menor   Tony Pérez (Inglewood, C.A.)

```
       Am        G
// Aleluya,  Gloria aleluya;
           F
```

gloria aleluya,

E

gloria al Señor //

Am

// Tú eres santo,

G

solo tú eres santo;

F

solo tú eres santo,

E

santo mi Señor //

Aleluya...

© 1993 Derechos reservados. Alabanzas Llamada Final

Inspiración Vol. II

Inspiración Himnario Vol 1

ALELUYA

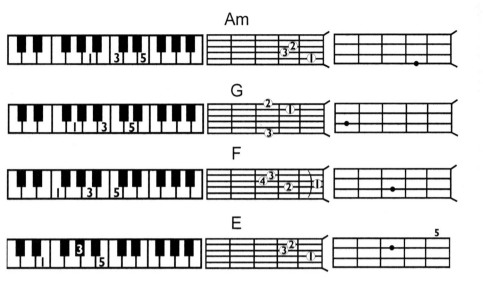

111

CANTAD A JEHOVA CANTICO NUEVO

Am = La menor   Tony Pérez (Inglewood, C.A.)

       Am   F   G Am
Cantad a Jehová cántico nuevo.
                      F   G Am
Cantad a Jehová toda la tierra.
  Dm   Am Dm   Am
Cantad a Jehová, bendecid su nombre;

  Dm   Am   E
anunciad siempre, su salvación;

Coro
  Dm   G   C Am   Dm
porque grande, es Jehová y digno,
               E   F G Am Dm
de suprema alabanza;
         G   C Am   Dm
porque grande, es Jehová y digno,
       E   Am
de suprema alabanza.
             F   G Eb F   G
(Notas para la parte final del coro: **De suprema alabanza**----a----a----a----a)

© 1991 Derechos reservados. Alabanzas Llamada Final
Inspiración Vol. I

CANTAD A JEHOVA CANTICO NUEVO

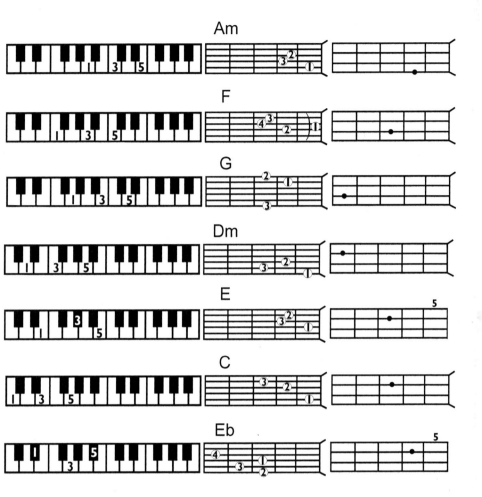

DAVID DAVID DANZABA

Am = La menor   Tony Pérez (Inglewood, C.A.)

Am   G   Am
// David David danzaba en la presencia del Señor,
F   G Am
y el pueblo se regocijaba //

Coro
Dm   Am
// **Porque David danzaba,**
F   G   Am
conforme al corazón de Jehová //

Am   G   Am
// David David peleó contra el oso y el león,
F   G Am
y el pueblo se regocijaba //

Coro
Am   G   Am
// Saúl mató a mil y David a sus diez mil,
F   G Am
y el pueblo se regocijaba //

© 1991 Derechos reservados. Alabanzas Llamada Final
Inspiración Vol. I

Inspiración Himnario Vol 1

DAVID DAVID DANZABA

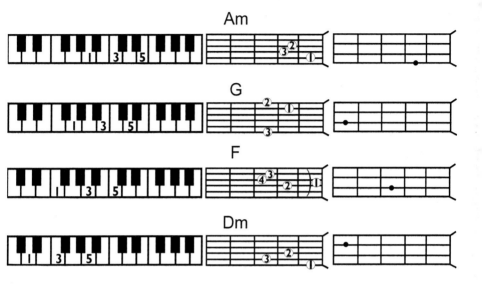

115

Inspiración Himnario Vol 1

ENVISTEME DE PODER

Am = La menor   Lilian Gamboa (Ecuador, Sur América)

Am
// Su santo Espíritu ha llegado
Fma7
oh dulce Espíritu de Dios //
Dm   F   Esus   E

// derramando aceite de santa unción //

Coro
Am   Fma7
// Envísteme de poder oh dulce Espíritu de Dios //
Dm   G   Am
de Dios, de Dios
Am   F
// regocíjese su pueblo alábenle sus santos
G   Am   F G Am
reveréncienle sus escogidos, adórenle sus amados //

© *1994 Derechos reservados. Alabanzas Llamada Final*
Inspiración III

ENVISTEME DE PODER

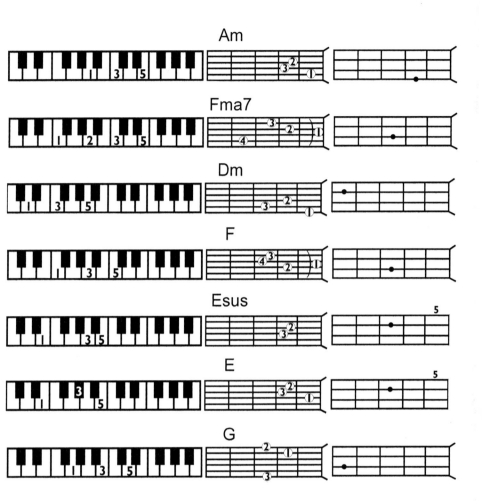

Inspiración Himnario Vol 1

GRANDE ES JEHOVA

Am = La menor   Nelson Garcia (Inglewood, C.A.)

```
        Am          G       F
// Toda la tierra alabe al Señor,
     Am               G       F
Es Jesucristo quien murió y resucitó. //


        C                           F

La victoria nos dió, clavado en esa cruz.
     Dm         F           E
Es Jesucristo, el que vive en mi


          F    G    Am
// Grande es Jehová
          F    G    Am
en gran manera alabado. //
```

© *1994 Derechos reservados. Alabanzas Llamada Final*
Cerca De Mi

Inspiración Himnario Vol 1

GRANDE ES JEHOVA

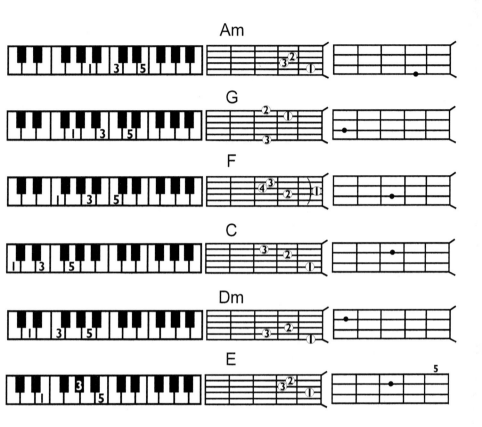

GRITA OH ISRAEL

Am = La menor   Tony Pérez (Inglewood, C.A.)

Am   G
// Al sonar, las trompetas,

F   E Am
gritará, el pueblo gritará.
Am   G
Con sonido de bocina,
F   E   Am
peleará, peleará, peleará //

Coro
Am F G   Am (E en la ultima vez)
//// **Grita, grita, grita, oh Israel** ////
Am   G
// **Caerán los muros, caerán los muros,**
F   E Am
caerán los muros de Jericó //

© 1992 Derechos reservados. Alabanzas Llamada Final
Inspiración Vol. II

Inspiración Himnario Vol 1

GRITA OH ISRAEL

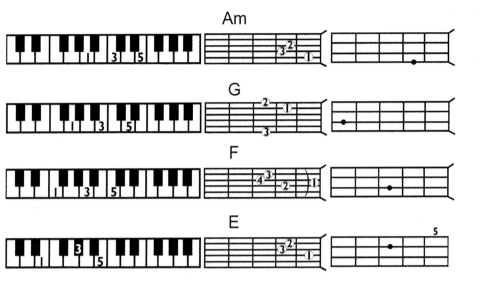

JOEL 2:16-19

Am = La menor   Pastor Alberto Ceballos (Ecuador, Sur América)

Am   F G   Am
// Salga de su camara el novio y de su tálamo la novia //
Dm   Am F   G Am
// entre la entrada y el altar, lloren sacerdotes ministros de Jehová //

Am C   Am
y digan, perdona oh Jehová a tu pueblo
Am   C   Am
no desprecies para siempre tu heredad,
Dm   Am F G Am
// porque han de decir los pueblos donde esta tu Dios //
F G Am F G Am
// Jehová responderá y dirá a su pueblo //
Dm   Am F G Am
// he aquí yo os envío pan, mosto y aceite y seréis saciados //

© 1994 Derechos reservados. Alabanzas Llamada Final
Inspiración III

Inspiración Himnario Vol 1

JOEL 2:16-19

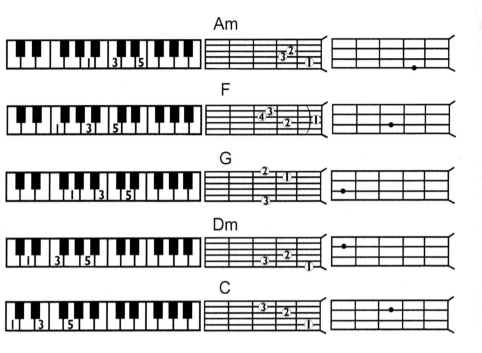

MI CORAZON SE REGOCIJA EN EL SEÑOR

Am = La menor   Tony Perez (Inglewood, C.A.)

           Am
// Mi corazón se regocija en el Señor
           F
mi fortaleza en el Señor se exalta
   G   Am

mi boca cantará sin temor, contra mis adversarios //
Am G F   G   Am   G Am
   Por cuanto me regocijo, en Tu salvación
   Am G F   G   Am
     diré que no hay Dios como mi Dios.
Am G F   G   Am   G Am
   Por cuanto me regocijo, en Tu salvación
   Am G F   G   Esus E
     diré que no hay Santo como el Señor.

Coro
              Am
No hay Santo como el Señor,
              F
No hay Santo como el Señor,
      G   Am
No hay Santo como el Señor nuestro Dios.

© 1994 Derechos reservados. Alabanzas Llamada Final
Inspiración Vol. III

Inspiración Himnario Vol 1

MI CORAZON SE REGOCIJA EN EL SEÑOR

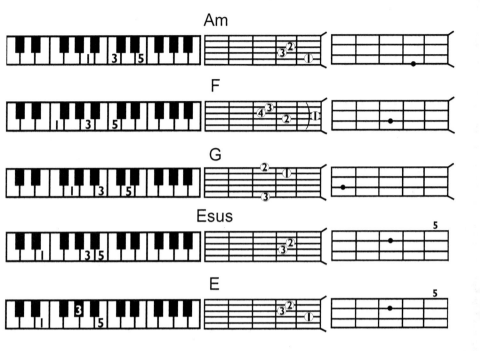

PODEROSO GRAN GUERRERO

Am = La menor　　　　　Ivan Delgado (Inglewood, C.A.)

```
        Am      F   G Am
// Poderoso gran guerrero;

       Am      F  G  Am
victorioso gran Yo Soy //

           Coro
     A7   Dm         Am
     El ha derrotado,
          Dm         Am
     a los principados,
    Am              F  G   Am
// y me ha dado a mí  la victoria //
```

© *1992 Derechos reservados. Alabanzas Llamada Final*
El Rompió Mis Cadenas

PODEROSO GRAN GUERRERO

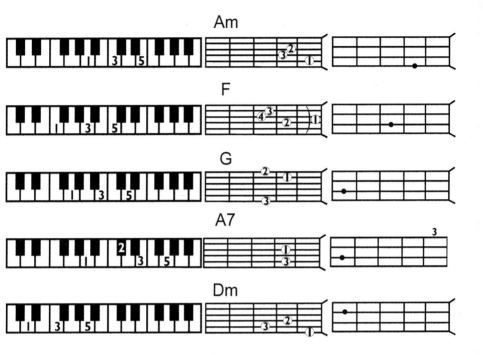

Inspiración Himnario Vol 1

TU ERES EL ALFA Y LA OMEGA

Am =La menor   Julio Lara/Cesar García (San Diego, C.A.)

Am
// Tú eres el alfa y la omega;
F
tú eres el alfa y la omega;
G
tú eres el alfa y la omega;

E   Am
Principio y fin //

Coro
Am   F
// **Te exaltaré, te alabaré,**
G   E   Am
te proclamaré... en las naciones //

© *1993 Derechos reservados. Alabanzas Llamada Final*
Inspiración Vol. II

Inspiración Himnario Vol 1

TU ERES EL ALFA Y AL OMEGA

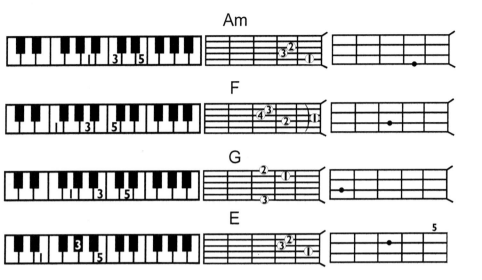

129

Inspiración Himnario Vol 1

EL SEÑOR ES MI REY

Bm =Si menor   Baudelio Cervantes (Monrovia, C.A.)

Bm   A
El Señor es mi Rey, mi todo;
Bm   A

el Señor es mi luz, mi Rey;
G   D
el que me hace vibrar, de gozo;
G   D
el que guía mis pasos,
G   D
el que extiende sus brazos,
G   D A Bm
el creador de los   cie---los.

© 1991 Derechos reservados. Alabanzas Llamada Final
Inspiración Vol. I

130

Inspiración Himnario Vol 1

EL SEÑOR ES MI REY

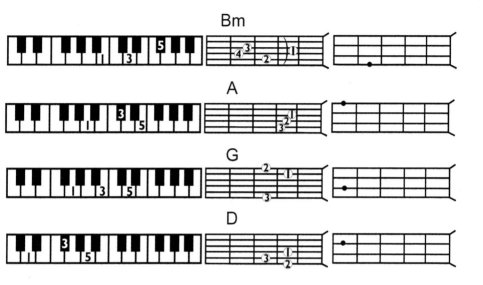

TRIBUTAD A JEHOVA

Bm = Si menor   Tony Pérez (Inglewood, C.A.)

          Bm   G   A   Bm   Bm/G

Tributad a Jehová oh hijos de los poderosos.

A/F#   Bm   G A Bm   Bm/G
     Tributad a Jehová toda gloria y poder.
A/F#   Bm   G A Bm   Bm/G
Tributad a Jehová en la hermosura de su gracia.
A/F#   Bm   G   A   Bm
Adorad al Señor en la hermosura de su santidad.

              Coro
     Gma7   A   A, Bm
       Voz del Señor sobre las aguas,
     Gma7   A   Bm
         el Dios de gloria tronará;
     Gma7   A   A, Bm
       la voz del Señor es poderosa,
     Gma7   Em   F#   Bm/G   A
     la voz del Señor majestuosa es.
              Bm
       Tributad al Señor......

© 1993 Derechos reservados. Alabanzas Llamada Final
Inspiración Vol. II

Inspiración Himnario Vol 1

TRIBUTAD A JEHOVA

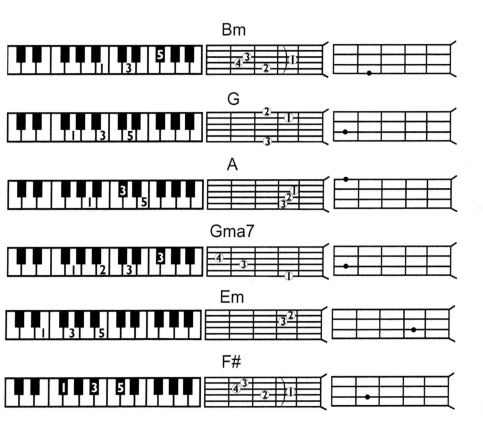

133

Alabanzas Llamada Final

INSPIRACION VOL. 1   INSPIRACION VOL. 2   INSPIRACION VOL. 3

CERCA DE MI   PISTAS INSPIRACION VOL. 1   HOMBRE SIN IGUAL   EL ROMPIO MIS CADENAS

INSPIRACION VOL. 1 VIDEO   INSPIRACION VOL. 2 VIDEO   VIDEOS CONGREGACIONALES

EL MENSAJE A LAS 7 IGLESIAS APOCALIPTICAS (estudio en 8 audio cassettes)   EL PLAN DE LA REDENCION (estudio en 5 audio cassettes)   INSPIRACION HIMNARIO   LIBRO "DIOS BUSCA ADORADORES"

IGLESIA DE CRISTO
Ministerios Llamada Final

U.S.A.: P.O. Box 3661 Huntington Park, CA 90305 • Tel. (213) 971-2206 - Fax (213) 971-4628
México: Apartado Postal M-7844 • Código Postal 06000 México, Distrito Federal Tel. 700-0710